Pour m'aider à grandir

Vous avez utilisé

vos supers

POUVOIRS

Alors Merci Mille fois

Ce carnet est offert par:

Je voulais vous dire que:

*" L'éducation est votre arme la plus puissante
pour changer le monde."*

Nelson Mandella

" L'éducation est votre arme la plus puissante
pour changer le monde."

Nelson Mandella

MERCI

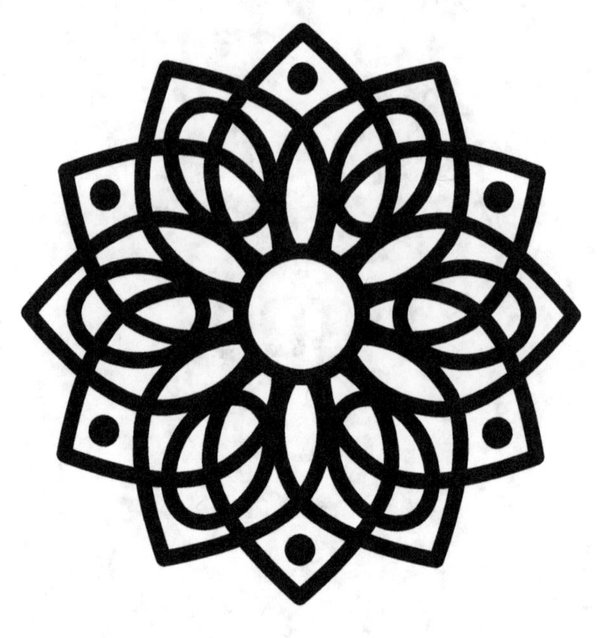

La vie est plus joyeuse quand on la traverse avec un chien

La vie est plus joyeuse quand on la traverse avec un chien

Et plus mystérieuse quand c'est avec un chat

Et plus mystérieuse quand c'est avec un chat

Mais si c'est avec un éléphant alors là, je ne sais pas....

Mais si c'est avec un éléphant
alors là, je ne sais pas....

Vous avez planté les graines de mes connaissances

Vous avez planté les graines de mes connaissances

Attentive
Tendre
Souriante

Epatente Magique

Le meilleur remède c'est le Thé:
Thé-couter
Thé-stimer
Thé-veiller

Thé-merveiller
T'Aimer

Mais la journée commence toujours par un bon café

Mais la journée commence toujours par un bon café

Si tu ne sais pas demande

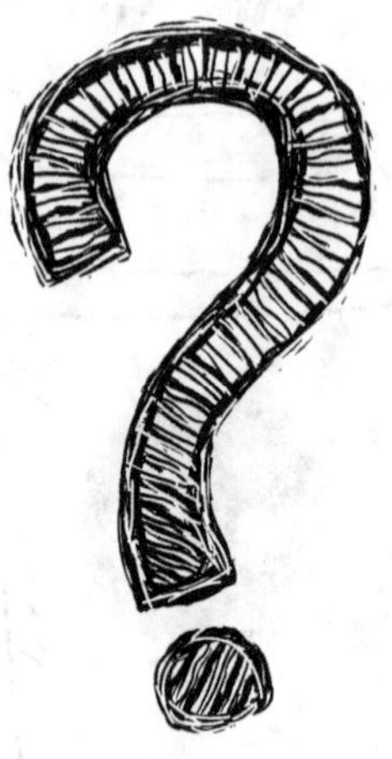

mais si tu sais, partage

L'influence d'un
bon professeur
dure toute une
vie

L'influence d'un bon professeur dure toute une vie

Les Licornes ça n'existent pas....

... c'est une sirène
qui me l'a dit

Rêvez
Comme si vous n'aviez rien à perdre

Rêvez
Comme si vous n'aviez rien à perdre

Croyez
Comme si tout était possible

Croyez
Comme si tout était possible

Vivez
Comme s'il n'y avait qu'aujourd'hui

Vivez
Comme s'il n'y avait
qu'aujourd'hui

Aimez

Comme si votre cœur ne connaissait pas de limites

Aimez

Comme si votre cœur ne connaissait pas de limites

C'est quand on a raison qu'il est difficile de prouver qu'on n'a pas tort.

Pierre Dac

C'est quand on a raison qu'il est difficile de prouver qu'on n'a pas tort.

Pierre Dac

La seule question
stupide est celle
qu'on n'a pas osé
poser.

Proverbe chinois

La seule question stupide est celle qu'on n'a pas osé poser.

Proverbe chinois

On peut rire de tout 'mais pas en mangeant de la semoule

On peut rire de tout mais pas en mangeant de la semoule

Sourire
Courbe qui peut rectifier
beaucoup de choses

Sourire
Courbe qui peut rectifier beaucoup de choses

hope

Les meilleures vitamines sont:
Amour
Bisous
Calins

Les meilleures vitamines sont:
Amour
Bisous
Calins

Une Vie est faite de détails
mais un détail peut
changer une Vie.

Rémi Goyer

Une Vie est faite de détails
mais un détail peut
changer une Vie.

Rémi Goyer

L'amitié double les joies et
réduit de moitié les peines.

Francis Bacon

L'amitié double les joies et réduit de moitié les peines.

Francis Bacon

L'ouverture d'esprit n'est pas une fracture du crâne.

L'ouverture d'esprit n'est pas
une fracture du crâne.

La grenouille en sait plus sur la pluie que l'almanach.

La grenouille en sait plus sur la pluie que l'almanach.

La beauté est dans le regard
de celui qui regarde.

Oscar Wilde

La beauté est dans le regard de celui qui regarde.

Oscar Wilde

Je vis dans l'Heureusité

Tess 10 ans

Je vis dans l'Heureusité

Tess 10 ans

Le don de vérité est un don
qui surpasse tous les autres

Boudha

Le don de vérité est un don qui surpasse tous les autres

Boudha

Alpin ou bien nordique
c'est un outil téléphonique
qui est-il

Un combiné

Père Fouras

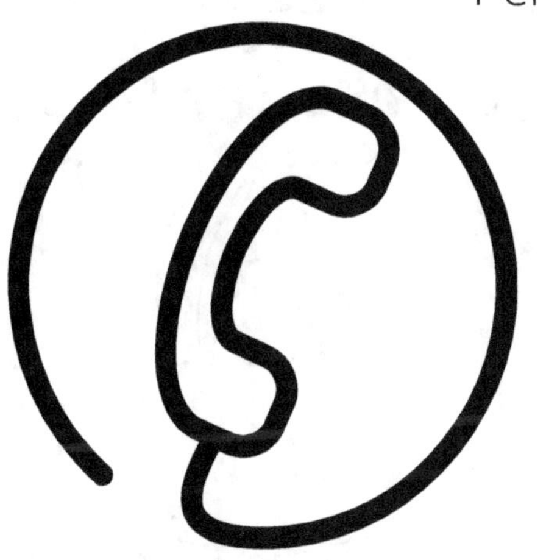

Respiration:
Vous inspirez la Confiance
Vous expirez la peur

Respiration:
Vous inspirez la Confiance
Vous expirez la peur

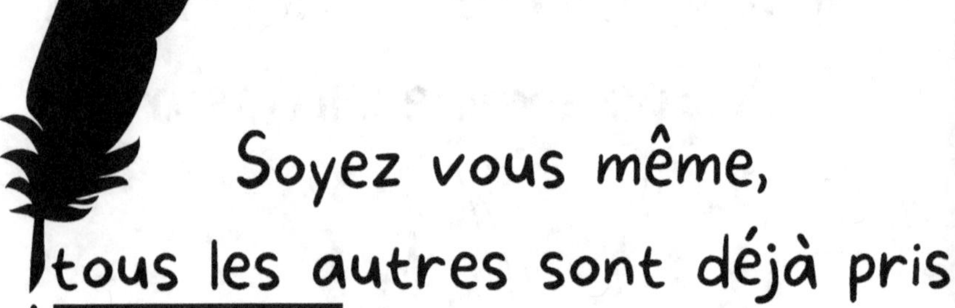

Soyez vous même,
tous les autres sont déjà pris
Nelson Mandela

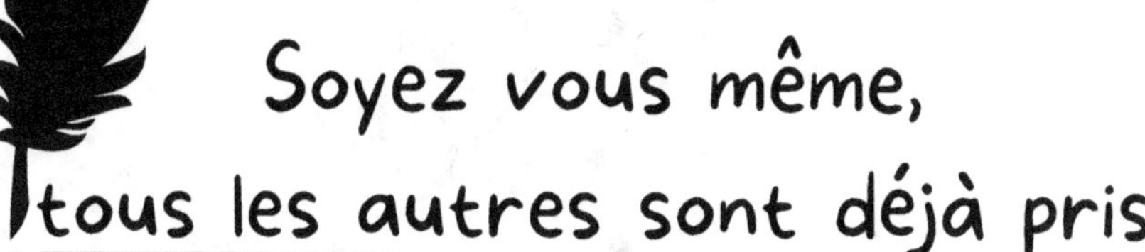

Soyez vous même,
tous les autres sont déjà pris
Nelson Mandela

La créativité c'est l'intelligence qui s'amuse

Albert Einstein

La créativité c'est l'intelligence qui s'amuse

Albert Einstein

Maman à l'école on a fait les angles droits aujourd'hui,

tu crois que demain on fera les gauches?

Coline, 7 ans

Le Dauphin
Joie, Harmonie et Intelligence

Le Dauphin
Joie, Harmonie et Intelligence

Education:
Ce qui manque à l'ignorant pour reconnaître qu'il ne sait rien.

Albert Brie

Education:
Ce qui manque à l'ignorant pour reconnaître qu'il ne sait rien.

Albert Brie

Le Bonheur n'est pas une destination mais une façon de voyager.

Margaret Lee Runbeck

Le Bonheur n'est pas une destination mais une façon de voyager.

Margaret Lee Runbeck

L'Ours:
Force et Confiance

L'Ours:
Force et Confiance

Je suis adroit de la main gauche et gauche de la main droite

Raymond Devos

Je suis adroit de la main gauche et gauche de la main droite

Raymond Devos

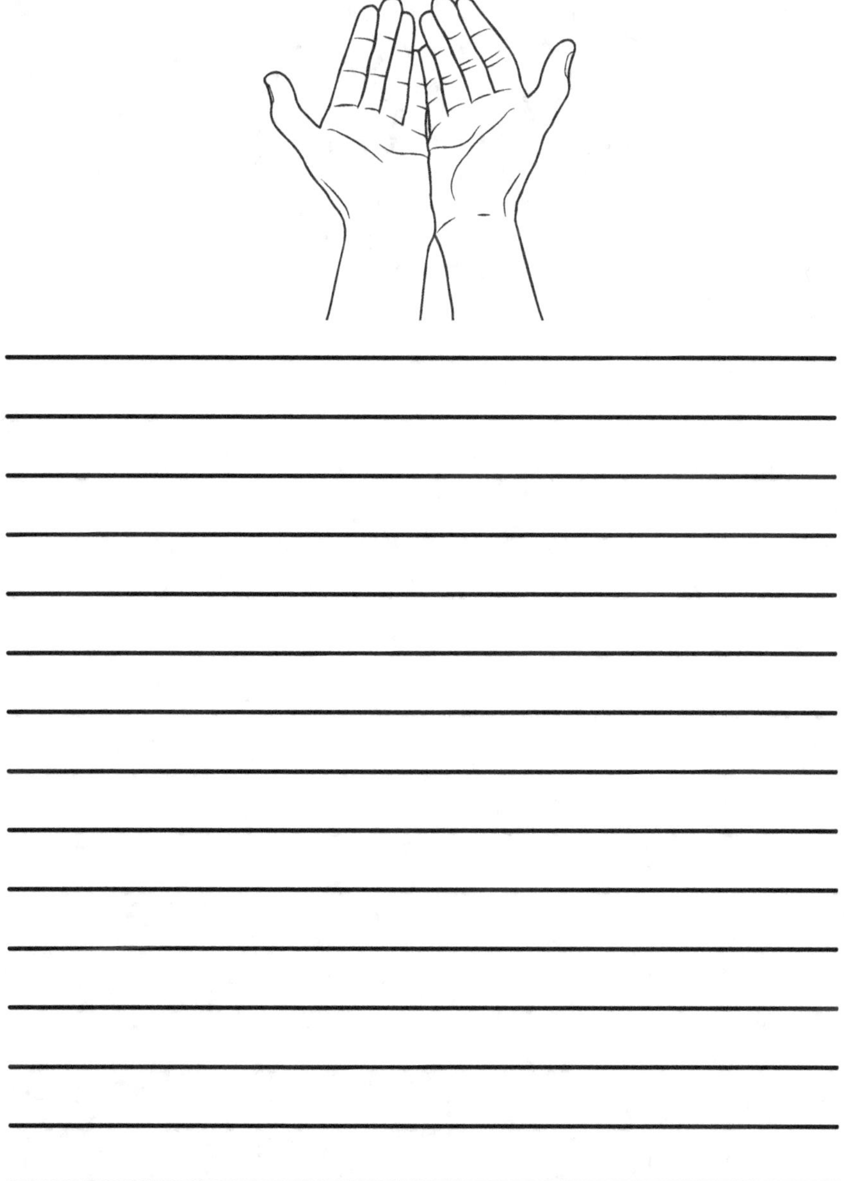

Porte Bonheur

Porte Bonheur

Le destin n'est pas une question
de chance mais de choix.

W. Jennings Bryan

Le destin n'est pas une question de chance mais de choix.

W. Jennings Bryan

Agissez comme s'il était impossible d'échouer

Winston Chruchill

Agissez comme s'il était impossible d'échouer

Winston Chruchill

La musique de l'âme peut être entendue par l'Univers.

Lao Tseu

La musique de l'âme peut être entendue par l'Univers.

Lao Tseu

Tourne toi vers le soleil et l'ombre sera derrière toi.

Proverbe Maori

Tourne toi vers le soleil et l'ombre sera derrière toi.

Proverbe Maori

Cécile Sedeau

vous pouvez me suivre sur :

 @ on_my_way_tahiti

 @ onmywaytahiti

 Cécile Sedeau